국밥

시에시선
006

국밥

이인수 시집

詩와에세이

2017

차례__

제1부

벌레, 시를 읽다 · 11
낙타 · 12
길의 기원 · 13
광교산, 저물녘 · 14
새벽 기차 · 15
거대한 나무 · 16
동물의 세계 · 18
노을 · 19
꼬리조팝꽃 · 20
시위 · 22
도둑 · 24
시늉 · 25
검객 · 26
꽃을 줍다 · 27
나목에게 · 28
국을 끓이며 · 29
나무의 귀 · 30
거미 · 32
자른다는 것은 · 33
혀 · 34

제2부

들국 편지 · 37
국밥 · 38
꼭 껴안아 버린 것이다 · 40
오후, 빗소리 · 42
소금 절임 · 43
보디랭귀지 · 44
오줌 · 46
뿔 · 48
그늘에서 · 50
너를 줍다 · 51
집중이라는 말 · 52
귀 하나 더 · 53
겨울 바다 · 54
엄동 · 55
할 일 · 56
초승달 단상 1 · 58
초승달 단상 2 · 59
도깨비바늘 · 60
달맞이꽃 · 62
참치(參差) · 64

제3부

복사뼈 엽서 · 67
은세계 · 68
모란꽃 필 무렵 · 70
소금쟁이 복음(福音) · 71
웃는 까닭 · 72
봄이 오네 · 74
구름에 꽂히다 · 75
아내의 잠 · 76
밤비 소리 · 78
봄의 납치 · 79
유월, 아침밥 · 80
똥꽃 · 81
가뭄의 까닭 · 82
오월 막걸리 · 84
콩 세 알 · 86
공개 연애 · 88
수건 · 90
갈대꽃 편지 · 92
무사(無事) · 93
응시 · 94

제4부

원고료 · 99
나도 블랙리스트에 오르고 싶다 · 100
솔직한 사람 · 102
내가 맵다 · 103
시금치 시론 · 104
케이크 먹지 계란 먹나 · 105
가시 · 106
농로에서 · 108
절 · 110
노랗거나 말거나 · 111
민들레에게 · 112
성(聖) 시집 · 114
마른 꽃에 대한 명상 · 115
배꼽 · 116
가위 · 117
따귀 · 118
즐거운 질투 · 119
명령 · 120
새벽 편지 · 122
홍시 · 124

해설 · 125
시인의 말 · 143

제1부

벌레, 시를 읽다

고요한 새벽
펼친 시집 위로
날벌레 한 마리 기어왔다

비척비척 온몸으로
어느 구절 성큼 지나치고
어느 구절 곰곰 머물더니,

마침내
절명구를 골랐는지
꼼짝 않고 멈췄다

시를 읽다가 죽을 수 있다니!
오, 하느님

낙타

 혼자 산다는 낙타가 빗자루 들고 나타났다 아니, 터벅터벅 기어 나왔다 젊은 어느 날 가파른 고비에서 덜컥 짊어졌을 등짐 때문일까, 손바닥만 한 골목 안 쓸어내는 걸음이 무겁다 걸어도 걸어도 끝이 없는 모래언덕을 지나 막 당도했을 앞집 지하 셋방, 새로 가야 할 길을 찾기라도 하는 걸까 멀쩡한 아스팔트를 쓸고 또 쓸어낸다 벌름대는 후각으로 이곳이 한때 광활한 사막이었음을 눈치챈 게 틀림없다 모나면 정 맞는다는 세상에 맞추었을 둥그레한 몸매와는 달리 그의 정신은 더욱 꼿꼿해졌나 보다 이제 늙은 낙타는 허리를 편다 내 서 있는 곳 그 어딜지라도 하늘은 언제나 푸른 눈빛이구나, 굵은 눈썹 끔벅이는 곱사등이 할아버지

길의 기원

치매기 온 노모
혼자서도 괜찮다는 가친
막막하고 먹먹하여
마당 늙은 포도나무 아래서
줄담배 피우는데
비가 오려나,
일렬로 행진하는
개미군단을 만났다
모래흙 기어
삭정이 넘고
사금파리 건너서
바윗돌을 휘돌더니
나무 위로 오른다
아무렴,
하늘 폭삭 내려앉아도
솟구칠 구녘있고
먼 들판 소똥밭에선
쇠똥구리 뒹굴리

광교산, 저물녘

누렁이가 다 핥아낸
감나무 아래 개밥그릇
마른가지 진종일 흔들다 내려온
배고픈 햇살이
잠시 머문다

빈
밥 한 그릇에도
감사할 줄 아는
저 환한 눈빛!

새벽 기차

마음 둘 데 없어
허공에 기댈 때가 있다

산다는 것
사랑한다는 것
지리멸렬의 날도 많았다

새벽 뜬 별을 바라보며
몰래 운 적도 있다

그대여, 나도
떠나고 싶을 때가 있다

거대한 나무

땅속 뿌리였다
경강선 분당선 3호선 5호선
잇대어 환승하면서
곧게, 알맞게 잘 뻗은
나무뿌리를 생각했다

보리수나무 아래에서
싯다르타 왕자는 혹시
우주가 한 그루 나무임을,
동서남북 상하좌우란
작은 손바닥 안이란 걸
깨우친 건 아닐까

다시 뿌리를 거슬러
지상으로 올라온 나는
벗은 나무 밑으로 갔다
해와 구름과 바람
그리고 달과 별이

잠시 머무는 그곳

이윽고 때가 이르면
나뭇가지를 놓고
나뭇가지가 가리키는 쪽으로
걸어가는 것을 보려고,
나의 길을 물어보려고

동물의 세계

1

 주문이 들어오면 잡다 골만 파서 먹는데 주인이 우리 안에 들어오면 원숭이들은 도망 다니기에 바쁘다 우스운 것은 주인이 원숭이 한 마리를 잡으면 도망 다니던 원숭이들이 몰려와 잡힌 원숭이의 등을 떠민다는 점이다*

2

 아프리카 세렝게티 평원, 굶주린 표범이 애써 잡은 사슴을 피 냄새 맡고 다가온 하이에나가 가로챈다 덩치와 힘에서 밀린 표범이 속절없이 물러가자 제 것인 양 물고 유유히 사라진다

3

 원숭이 닮은 짐승의 우리 안이 소란하다 농단이니 촛불이니 퇴진이니 하야니 친박이니 비박이니 비아그라니… 곧 피바람 불 테니 하이에나가, 판이 크니 그것도 떼거리로 몰려오겠다

* 송수권, 『시창작실기론』(문학사상, 2010), 475쪽

노을

구름 서넛 데리고
산과 강과 들을 지나
막 하늘을 건너서
오래된 집 부엌으로 들어서는
숨찬, 그러나 고요한
저 거대한 발자국!

꼬리조팝꽃

비록 머리의 반대편에 있으나
살랑살랑 반가이 흔드는 일
바짝 경계를 세우는 일
힘센 것 앞에서 기죽는 일까지
꼬리는 다만,
생각하는 대로 움직인다

숨길 것
들킬 것 많은
사람이란 짐승은
생각 없는 그것을
오랜 궁리 끝에 슬그머니
몸 안으로 밀어 넣었다고 한다

꼬리조팝꽃이여,
분홍 여우처럼 아름다운 꼬리
당당하게 흔드는구나
머리에서 꼬리까지

생각에서 행동까지
사랑과 평화 그리고 희망까지
남김없이 드러내는구나

너의 곁에선
꼬리 달린 사람으로
돌아가고 싶구나
푸른 하늘 올려보며
당당하고 싶구나

시위

풀매기 낫든 손등에
어린 방아깨비 날아왔다

풀과 그늘과 이슬 먹고 사는데
이럴 수가 있느냐고
당신도 새끼 키우며
집 한 칸 장만하려고
세상과 겨루지 않았느냐고
여치 집 같은 방에서
새근새근 잠든 아이들
이것들 땜에 살아야지
주먹 불끈 쥐지 않았느냐고
겨우 텃밭 한 모퉁이
그분이 마련해준 자리
풀과 그늘과 이슬 먹고 사는데
알량한 농사꾼 시늉으로
초가삼간 다 부수려 들다니
이럴 수는 없다고

어린 방아깨비 한 마리
반란군 탱크 앞 소년처럼
단호하다

도둑

도둑이 들었다
가짜 CCTV와 맹견을 뚫고
우물가 스텐다라이 두 개가 사라졌다
마침 아랫집 쇠파이프도 없어져
소문대로 차 가진 고물상 짓이겠거니
막걸릿잔만 축내고 잊어버렸다

주말에 내려온 아픈 아내
이리저리 소처럼 부리는데
여보, 여기 있네요
계분 담긴 스텐다라이
거죽 덮인 채 멀쩡히 웃고 있다

치매가 왔나 봐
계면쩍은 맞웃음 지었지만
이미 안주로 씹힌 그 몹쓸 놈,
도적질로 살아온
바로 나였다

시늉

나무 그늘 평상에서
낮잠 자면서 알았다

위에 있는 나뭇잎이
가끔씩 움직인다는 것을
아래에 있는 나뭇잎을 위해
몸 비틀어 햇볕 나눈다는 것을
빛은 나뭇잎의 양식이니까
결국 밥을 함께 먹는다는 것을
그러다가 슬그머니 아래로 흘려
가난한 나그네에게도
연약한 벌레에게도
밥 한술 나누어 준다는 것을

나도 슬슬 늙어가니
저 시늉 하긴 해야 할 텐데

검객

영하 13도
언 텃밭에 나가
계란찜에 넣을 대파 한 쪽
밑동만 남기고 싹둑 잘랐다
칼 든 김에
혼자 푸르등등한 새벽달
어슷하게 베었다
새끼 아홉 다 떼내고
벌벌 떠는 어미 개를 보다가
문득 파단 자르듯 싹둑 등진
부모형제 처자식이 생각났다
엄동설한 깊어가는데
이러고도 멀쩡하니
나는 천상 칼잡이인가

꽃을 줍다

자정 한참 넘긴
양재역 2번 출구
떨어진 꽃을 주워
킁킁 냄새를 맡는다
집으로 가는 길
영혼이 떠나면
누구나 한 점 살덩이
부디 한 사흘
이런 향기로 남았으면
사랑한 그 사람이
떨어진 나를 손에 들고
한때 꽃이었다고
꽃이고픈 목숨이었다고
킁킁거려 준다면

나목에게

사랑한다는 것은
칼바람 속 우뚝 서서
뼈를 드러내는 일이다
부르르 부르르
금 간 마디 꿰매면서
먼 데를 바라보는 일이다
뜨겁던 시절
고운 꽃과 잎의 시간
그 시든 기억 어루만지며
나이테 동여매는 일이다
쩡쩡, 하늘이 울면
괜찮다 괜찮다
시린 뼈마디마다
눈꽃 피우며 달래는 일이다
외롭지 않다 외롭지 않다
겨울이 목을 겨누어도
우직하게 기다리는 일이다
사랑한다는 것은

국을 끓이며

저, 저
뽀얗게 물오른
처자 종아리!

에라, 모르겠다

치렁치렁한 머리채 채어
부리나케 보쌈해 왔다

산삼보다 좋다지 않더냐
어화둥둥 닐리리야
펄펄 끓는구나

무밭 주인 달려오면
국 한 그릇 내밀면 되리

나무의 귀

나무는 입이 없어
대신 잎이 있지
잎은 입이 아니므로
나무는 말이 없어
대신 나무는 듣지
바람이 실어 오는
수천수만의 말들
한 잎 한 잎 들어주지
그래, 잎은 나무의 귀야
설운 이야기엔 울고
즐거운 사연엔 춤추지만
결코 말은 안 하지
세상의 입은 많아져서
해마다 나무의 귀도
수천수만으로 늘어나지
듣기만 하는 데도
나무는 커지고 굵어져
그래, 벌써 마을에서

제일 큰 어른이야

거미

날개도 없으면서
공중에 떠 있다

날마다 하늘을 당기면서도
땅 쪽에 더 가까운 듯한,

오를수록 생은 아득하기만 하여
가끔은 고개 젖혀 숨을 고르는,

고요는 밥줄이라
포효는커녕 한마디 신음도 없이

그는 고층빌딩 유리창에
매달려 산다

놓을 줄 모르는 건지
놓을 수 없는 건지

자른다는 것은

막 벼린 낫을 들고
허리 한번 쭉 펴고
손바닥에 침 묻히고
하늘 엉덩이 찌르는 뽕나무 손목 자르고
지팡이 되려 뻗대는 명아주대 자르고
다시 허리 한번 쭉 펴고
흘러가는 구름 바라보며
덧없는 기다림
철없는 그리움 싹둑 자르고
아예 태워버릴 마른 풀덤불 걷어내니
어라, 초록 초록
어린 싹눈이 쳐다보네

어디 한껏
자를 테면 잘라보라고

혀

따로 묶인
어미 개가 새끼를
새끼가 어미를
서로 핥아준다

그뿐,
그것뿐인데
하늘과 땅이 고요하다

제2부

들국 편지

아무리 그립기로
저 시간의 부피와 무게
잴 수가 없네

아무리 쓸쓸하기로
저 꽃과 꽃잎의 수
셀 수가 없네

하오니, 그리운 이여
들국 한 다발로
이 가을 다 헤아리시라!

국밥

24시간 하는
구운동 삼천 원짜리 순댓국집
환경미화원 넷이서
늦은 아침을 먹는다

새벽부터 낸 길 따라
사람들 모두 떠나보낸 자리
빛 잃은 형광 재킷 넷이서
묵묵히 국밥을 먹는다

주인 여자 내민 소주 한 병에
푹 삶긴 돼지내장같이
푹 늙은 아버지 넷이서
환하게 얼굴을 펼 때

소란한 창밖
눈부시게 깔린 햇살을
잘근잘근 말아먹는 신록들,

된통 뜨겁다

꼭 껴안아 버린 것이다

어떻게 된 걸까
늘 두 손으로 밑 부분 받치고
얼굴을 앞으로 향하게 했는데
오늘은 틀어져 버렸다
삐딱선 탈 일 없는데
먼저 몸통을 돌려놓고
살그머니 안아야 했는데
오늘은 내 쪽으로 했다
낯술 한 것도 아닌데
만나자마자 빙그레 웃는
사랑스러운 그 모습에 반해
어두운 지하실 빈방에서
반백인 갑남(甲男)과
처녀인 을녀(乙女)가 되어
꼭 껴안아 버린 것이다
어떻게 할까
망설이는 그 찰나
와락 가슴이 따뜻해지고

마음마저 포근해져 버린 것이다
세상에나, 민망스럽게도
사랑하는 어머니
원죄 없으신 성모 마리아를
꼭 껴안아 버린 것이다

오후, 빗소리

비는
저 혼자 소리 내지 않는다
무언가와, 누군가와 마주할 때
소리를 가진다
숲에서는 나뭇잎 소리
지붕 위에선 양철북 소리
창문에 기대면 유리알 소리
빗방울은
제 목소리 대신
마주한 것의 마음을
둥글게, 둥글게 담아낼 뿐이다
서로에게 다가서서
서로에게 온전히 깃들고서야
비로소 들리는 빗소리
비 오시는 오후
멀리 있는 누군가가 못내 궁금해지면
가슴이 먼저 축축해지는,
그 까닭이다

소금 절임
―위경련을 앓다

소금에 절인 오이를
다시 물에 불렸다가
힘껏 짠다
오이는 짠맛을 버리고
비로소 밥상에 오른다
누군가 나를 쥐어짠다
세상에 절여진 단맛 쓴맛
타고난 비린 맛 떫은맛
처절하게 비명 지르며
빠져나간다
그러나 나는
어느 밥상에도 오르지 못한다
향기로운 오이지처럼
먹음직해지려면,
나는 더 절여져야 한다
짜디짠 눈물 더 흘려야 한다

보디랭귀지

작심한 스님처럼
구슬땀 흘리며 잔디를 깎는데
풀숲 주인들이 연방 튀어 오른다
방아깨비 여치 귀뚜라미 메뚜기…
달동네 복면한 철거반원인 양
보이지 않는 칼날은 냉정하다
새끼 다 보내고 가슴앓이하는
어미 개가 자꾸 옆을 맴돈다
왜? 하고 물어도 올려만 보길래
일손 세우고 한참 쓰다듬어준다
외롭구나, 슬프기도 하겠구나
세상에서 기댄 단 한 사람에게
어리광 부리기 위해
풀밭 위를 뒹군다
웃자란 풀은 길고 억세어서
기계도 가다 서다 서로를 헤아린다
오늘은 이만,
어느새 어스름 내린 들길을

어미 개와 나선다
장마통에 깊게 패인 길이
상처 난 짐승처럼 누워있다
멀리 흐린 어둠 속
도시의 눈빛도 어쩐지
휑하구나

오줌

두 달 배기 강아지들
아침부터 안 보인다
사람들만 안달 났지
어미 개는 먹을 거 다 먹고
그늘에서 낮잠까지 잤다
우리 부부 아들네 딸네
숲 속 수로 안, 동네 집집을
땀범벅 샅샅이 뒤졌지만
끝내 찾질 못했다
어미 개 자꾸 나무라고
며칠 후 보내기로 한 집에
기별 넣을까 말까
뉘엿뉘엿 저무는 서산을 보며
몰래 한숨 내쉬는데
문득 넝마 같은 것이
문 앞을 기웃거린다
맙소사!
녀석들 제 발로 찾아왔다

집 나가면 개고생이구나,
구석구석 웃음으로 씻기면서
난생처음 산천을 주유하다가
돌아온 저들의 여로가
신기롭기만 했는데

다음날 새벽 산책길
길섶마다 찔끔거리는
어미 개를 보고서야 알았다
저 지린내가
바로
어미의 손짓이었음을

뿔

뿔 하나 갖고 싶다
코뿔소나 코끼리의 것이면 좋겠으나
개뿔이라도 괜찮겠다

나의 오기
나의 편견
나의 허욕
나의 위선
나의…

딥다 받고 싶다
멀리 날려버리고 싶다

겨우 몇 개 남는 것과
가족과 이웃이 도란도란
걸터앉을 수 있게
물렁물렁한,

나에겐 끝내 단호한
그런 뿔 하나

그늘에서

신하교회 무료급식소
1식 3찬 맛있게 얻어먹고
주차장 나무 아래 앉았는데
네 발 수레 할머니
지팡이 할아버지
절뚝절뚝 불편한 사람
쉼 없이 들락날락하는데
폭염주의보 내린 땡볕 하늘
작은 나뭇잎이 만들어준
두어 뼘 그늘에서 쉬는데
금계국은 싱긋
개망초는 벙긋
나리꽃은 방긋
바람은 산들거리는데
황송한 마음으로
아무리 두리번거려도
하느님은 보이지 않고

너를 줍다

별의 푸른 실핏줄을
찾다가, 부르다가
쓰러진 포효 같은
몽당연필 한 점

어둠 속에서
어둠을 지지던 그 사람
몰래 빼낸
갑골 한 조각

썰물처럼
밤이 쓸려간 뜨락
잔디에 숨은
꽁초 하나

집중이라는 말

달팽이 잡아준다며
큰소리 치곤 한참을 열무밭에
엎드려있던 할미

환아 달팽이가 안 보여
할머니 집중을 하세요
으응? 집중이란 말뜻이 뭐야
샅샅이 찾아보는 거예요

어린 열무 한 닢씩
안팎으로 살피는지
그로부터 텃밭에선
연방 환호성이 들려왔다

귀 하나 더

성한 두 개로도
잘 듣질 못하니
귀 하나 더 갖고 싶다

귓불 따윈 없는
깔때기라도 좋겠으나
쏙쏙 잘 들리면 좋겠다

거저는 안될 테니
천방지축 시끄러운
입과 바꾸면 안 될까

당신의 말씀
고분고분 잘 알아듣는
유순한 귀 하나 얻고 싶다

겨울 바다

결국 생은
으르렁거린 것
으르렁거릴 것
그 둘이네

겨울 바다가
파도와
수평선
그뿐이듯

엄동

어미 개는 털옷
감나무는 볏짚 옷
참나무는 까치집 모자
그믐달은 맨몸으로
견디는 밤,

혼자만 방안에 숨어
겹겹으로 감싼 목숨 있어
미안하고 민망하여
술을 마신다

똑, 똑 틀어놓은
물꼭지 소리야
어서어서 봄으로 흘러가거라
구석에서 기어 나온
작은 벌레야
지구를 힘껏 힘껏 돌리거라

할 일

그저껜 큰맘 먹고
뒤죽박죽 어지러운
컨테이너 창고 선반 만들어
깔끔하게 정리했다

어젠 냉이도 캤지만
정작 뿌듯한 일은
고장 난 마당 외등 스위치
새로 갈아 끼웠다

오늘은 해 넘긴
바람 빠진 외발 수레바퀴를
안간힘으로 빼내었다
자전거포에만 가면 된다

이젠 다 했구나,
면장갑 탁 탁 터는데
아차, 아침밥을 안 먹었다

다 먹고 살자는 짓인데

초승달 단상 · 1

꽃은
아무 때나 피지 않는다

나무는
아무 데서나 서지 않는다

해와 달도
정해진 길이 있다

그대와 나,
그렇게 만났다

초승달 단상 · 2

눈썹이라 여기니
얼굴 하나 그려지는구나

미소거니 따라 하니
접힌 속 펴지는구나

얼핏 빈 그릇으로 보이니
뜨신 밥 짓고 싶구나

그렁그렁 눈빛 같아서
밤새 닦아주고 싶구나

도깨비바늘

언 노을 비낀
겨울 도라지밭을
일가족이 걸어간다
맨 앞은 아비 개
그 뒤엔 주인 할배
뒤뚱뒤뚱 새끼 둘 몰고
어미 개가 뒤따른다
도깨비짓이리라,
한 달 갓 넘긴 어린것이
제 걸음으로 여기까지
설마 나설 리 없다
하나둘 사라지는 새끼들
건너 숲 속에 깊이 숨길
토굴을 파 놓았더라도
먼 들판까지 아비가
차마 데려올 리 없다
이틀 새 세 차례
오늘에만 두 번이나

수로에 빠뜨리면서까지
말 못하는 어미지만
이리 어리석을 리 없다
그래, 이 모든 짓
도깨비 장난이다
그러길래 도깨비바늘
온몸에 꽂은 다섯 식구
묵묵히 집으로
돌아가고 있다

달맞이꽃

구름 걷혔으니
달뜨길 기다리자구
텃밭 고추 따고 오이 썰고
돗자리에 술 한 병 차고
달빛 아래로 나서자구
욕심 많은 나팔꽃네
게으른 메꽃네
벌 나비 손님 끊겼다고
장사 접을 무렵이면
달맞이네 아낙들 한복 차려입고
문 여는 시각일 텡게
술안주를 파나 돈을 받나
오갈 데 없는 한량 괄시를 하나
허풍치고 괜한 분통 터뜨려도
가만가만 웃는 저 맵시라니!
오늘 밤엘랑 자네가 벌 나비 되어
육자배기 한 자락 읊게나 그려,
이만하면 내 사는 동네

지낼만하지 않은가

참치 (參差)

난 잎 하나를 치고
다시 다른 잎을 걸치면
만들어지는 길쭉한 둥근 호를
봉안(鳳眼)이라 한다는데
오동나무에만 앉는다는 봉황
과연 부리부리한 눈매다
다시 붓 들어 그 눈 가로질러
파봉안(破鳳眼)을 해야 한다
봉황이 참새가 되듯
참새가 봉황이 되듯
크고 작게
길고 짧게
짙고 옅게
두텁고 가늘게
들쭉날쭉 치는 그림 속
난 잎 닮은 남녀노소가
삼삼오오 어울린 사군자 교실
비로소 조화란 말뜻을 알겠다

제3부

복사뼈 엽서

벙긋벙긋
벙글기만 한다면
어찌 꽃이랴
뚝 뚝 지는 꽃잎
놓을 줄 모른다면
어찌 사랑이랴
한 잎 한 잎
우린 분홍 꽃물
뼈에 새긴다
아파서 아파서
꽃이 되는 이름
복사뼈에 새긴다,
사람이므로

은세계

언제부터인가
눈부신 것보다
은은한 것이 좋다

번쩍이는 네온사인보다
말할 듯 말듯
흐린 별빛 달빛이 좋다

내세우듯
큰소리 긋는 빗줄기보다
소곤소곤 내리는 눈이 좋다

허물 눈 감아 주고
슬며시 손잡아 주는,
그런 사람이 좋다

언제부터인가
희끗희끗 쌓이는 은발,

빛나지 않아서 좋다

모란꽃 필 무렵

느그 아부지는 새가 됐는갑다,
막내 딸년 첫돌 되기도 전
소쩍새 울고 모란 피는 봄날
하늘길 혼자 소풍 떠난 사람

사진 속 젊은 아부지는
이맘때면 꽃처럼 환하기만 해서
아비 얼굴 모르는 막내 딸년은
정작 나눌 추억 하나 없어서
지금 만나면 알아보기나 할랑가,
생때같은 세 딸 키우느라
바짝 늙은 어머니 푸념까지

서러워 서러워 서러워서
소쩍새는 밤을 새우고
모란은 겹겹으로 벙그는 거지

소금쟁이 복음(福音)

어느 여름날 심심한 하느님이
연못가에 놀러 오셨다
세상 재주꾼 죄다 불러 물으시길,
내 아들처럼 물 위를 걸을 수 있겠느냐?
글쟁이 환쟁이 소리쟁이 독쟁이
간살쟁이 중매쟁이 심술쟁이 빚쟁이……
서로 딱하게 얼굴만 쳐다보는데
누군가 성큼 물에 뛰어들었다
과연 사뿐사뿐 물 위를 걸으니
하느님 빙긋 웃으며 이르시길,
너희가 제아무리 날고 긴다 한들
저 소금쟁이만 하겠느냐?

웃는 까닭

건널목에 섰을 때
앞쪽 어느 젊은 엄마의 가슴에
안긴 돌잽이 아이가
빤히 쳐다보고 있었다
파란 신호를 기다리는
내 눈과 마주쳤을 때
아이는 놀란 자라처럼
쏙 숨어버렸다
눈곱이 끼었나, 갸웃할 때
살그머니 고개 내미는
사슴 같은 아이의 눈!
살짝 웃어주니 방긋 웃는다
햇살 깔린 길을 따라
다른 방향으로 헤어질 때까지
방긋방긋 얼마나 즐거웠는지
그만 마음까지 맑아졌다
이편에서 저편으로 혹은
오늘에서 내일로 건널 때엔

누가 보지 않더라도 히죽히죽
꼭 웃기로 했다

봄이 오네

손 하나로 소리를 내봐라,
방장스님 마지막 법문을 품고
행자들이 산에서 내려가고
겨우내 어깨에 앉았던 새
서둘러 하늘 저편으로 날아가자
나뭇가지 파르르 흔들렸다
다녀오겠습니다,
두 손 지니고도 소리내기 어려울
세상 속으로 첫 출근하는 아이들
발걸음 소리 멀어지길 기다려
살며시 문을 여니,
기둥을 타고 오르는 햇살
달팽이 걸음으로
봄이 오고 있네

구름에 꽂히다

일테면
거기, 당신께서
아시든 모르시든
좋아하든 싫어하든
지금이든 백 년 후든
화살로 날든 달팽이로 기든
목숨을 걸든 팔랑개비 바람이든
여기, 나
당신에게로 가닿는 일을
꽂히다, 라고 쓴다면

저는 오늘도
기꺼이 꽂히겠습니다
저기, 노을 아궁이 앞
붉은 구름에게로

아내의 잠

사대부 그림자 드리운 가문
위아래에 끼여 납작해진
맏며느리가 잔다

사람 키우는 일보다
서류 만들고 회의하느라 지친
중학교 선생님이 잔다

큰소리 한번 없이 키운
아들딸에게 천사라고 불리는
어머니가 잔다

거짓말처럼 여읜 부모님 대신
아래 여섯 동기 대소사 챙기는
큰언니가 잔다

누가 뭐래도 사랑 0순위
구렁이 알 같은 손주 셋이나 둔

할머니가 잔다

밤비 소리

한번, 이름을 알면
마냥 숨아낼 순 없지만
풀매기하는 날
보라,
냉이꽃 꽃다지 민들레
개망초 질경이 뽀리뱅이
괭이밥 달개비 고들빼기…
저, 저, 저
밉도록 아름다운 이름들
식은 몸을 깨우면서
저, 저, 저
밤비가 내리는구나
놀랍지 않으냐
세월 저편 깊이 묻어둔
흐린 이름자까지 부르면서
밤비는
저, 저, 저
내리는구나

봄의 납치

느닷없이
호수를 지나 산으로 갔다
햇살인지 구름인지에 홀려
산길 끝에 있는 암자
부처님을 뵈었다

푸릇푸릇 산빛에 물들 무렵
다시, 뜬금없이 들판으로 내달렸다
거침없이 이끄는 게
바람인지 몽유병인지
알고 싶진 않았다

파릇파릇 줄지은 논두렁 따라
마음 가지런해질 즈음
비로소 허기가 찾아와
빵을 사 먹었다
고운 여인과 함께한 듯
몽롱한 오후였다

유월, 아침밥

어미 개가 새끼 젖 물리듯
호박꽃에 애호박 매달렸습니다

뿌리내리느라 몸살 앓은 살구
삼 년 만에 황금알을 낳았습니다

가뭄에 목마른 산딸기는
허겁지겁 입술연지 찍었습니다

늦장가 가는 조카 청첩처럼
가지는 첫물을 불쑥 내밉니다

멀리 있는 부모형제 처자식
블루베리에 올망졸망 모였습니다

텃밭 한 바퀴 도는 동안
고슬고슬 밥이 잘 익었습니다

똥꽃

강아지가
꽃밭에서 응가를 한다
화장실이다

달맞이꽃 패랭이꽃 나리꽃 괭이꽃
암말 안 하고 웃는다
똥도 황금꽃이다

똥밭에서 굴러도
웃기만 하면
온통 꽃밭이다

가뭄의 까닭

옥수수를 두 번이나 심었는데
싹이 안 난다고, 푸념하는 성씨 형님께
땅콩은 세 번이나 심었노라고
위로하며 함께 하늘 올려다봤어요
너무하십니다
해도 너무하십니다
쩍쩍 갈라진 마음에서
혀끝까지 나온 말을
황급히 삼켜야 했어요
바랭이 명아주 개망초 쑥대 지칭개…
그분이 뿌린 것들은 보란 듯이
늠름하게 키를 키우고 있으니
뒷머리 긁적일 밖에요
그래요
비 한 방울 못 만드는 주제에
잘났네 못났네 잘했네 못했네
찧고 까불고, 눈 뜨면 멱살잡이니
그분 보시기에 좋았겠어요?

너나없이 박박 긁어낼
적폐만 같아서요

오월 막걸리

저놈, 뻐꾸기 울음에
머리 풀어헤치는 숲
어쩌면 좋아

어린 모 무논 위로
징검다리 놓는 구름
어쩌면 좋아

찔레꽃밭 지나다
우두커니 멈춘 걸음
어쩌면 좋아

바라보는 눈길 없는데
굵어지는 개살구알
어쩌면 좋아

마주 앉은 사람 없어도
막걸리는 달아라

아, 어쩌면 좋아

콩 세 알

하나는 벌레
하나는 새의 밥
나머지만 사람 몫이라지

땅콩 세 알씩
사이좋게 먹으려고
부드러운 흙으로 덮었는데

아침에 보니
어라, 구멍마다 머리 내민
새싹 세 개씩

땅속 벌레는 어디 갔을까
새는 왜 못 찾았을까
뭐가 잘못된 걸까?

하늘은 멀뚱멀뚱
새싹은 재잘재잘

농부는 긁적긁적

공개 연애

텃밭 묵은 비닐 걷고
둔덕마다 쥐불 놓는 사이
겨우내 쌓인 먼지
쓸고 닦은 아내 손길에
집안이 훤해졌다

하필 좋은 날 고른
어느 초상집 간다는 사람
훌쩍 기차로 보내고 오니
마당 가득 두근두근
햇살이 모여 있다

그래, 시작하자
땅속 어린것들 깨워서
파릇파릇 새 옷 입히고
물오른 나뭇가지 얼러서
새록새록 꽃을 매달자

그대가 있어서 봄이 왔다고
그대가 보아서 꽃이 핀다고

수건

―재경 예천 군민의 날
2012. 4. 22
문득 변기 앞에 걸린 수건의
굵은 활자를 읽는다

모른다,
예천이라니
군민의 날이라니
2012년이라니
맹세코 알지 못한다

어디에서 여기까지 흘러왔을까
내 몸의 때와 얼룩
내 삶의 궁색과 은밀함을
닦고 훔치느라 헐거워진
수건 한 장

누가 언제 가져다 놓았을까

어느 날 불쑥 나타난 사내에게
한 생을 맡기고, 묶여버린 여인처럼

갈대꽃 편지

새로 지은 붓 한 수레
보내신 뜻 알겠습니다

파란 하늘 듬뿍 찍어
가으내 편지를 쓰겠습니다

그립다고, 그립다고만
유치하게 적겠습니다

달 이우는 밤 몰래
바람 편에 띄우겠습니다

뭉게뭉게 흰 구름 일면
곰곰 헤아려 주십시오

무사(無事)

맑은 햇살이 종일 내려
간밤 낀 살얼음 녹이고
연방 땅속으로 손 넣더니
해 질 무렵 뿌리에 닿았는지
앵두나무, 부르르 떨었다

응시

왕순이 두고 읍내 가려는데
백미러에 비친
정지된 시선,

그제 손주놈 보낼 때
동그마니 남긴 눈빛도
꼭 저랬다

눈길을 모아
한곳을 똑바로 바라본다는 건
마음 고스란히 쏟는 일,

살면서 나는
저 눈길 몇 번 건넸는지
저 마음 몇 번 부었는지

보름 달빛 아래
애꿎은 막걸리 사발만

노려보는 밤

제4부

원고료

안방에서 자고 나니
머리맡에
가을 점퍼 하나
놓인다

시 잘 읽었어요

아, 쓰는 시마다
이만큼 받았으면

나도 블랙리스트에 오르고 싶다

며칠 전 만난 어느 시인은
블랙리스트에 올랐다는데
시가 좋은지
원고청탁은 줄 서 있고
인품도 훌륭한지
호형호제 유명 시인도 많고
넉살 너끈한지
온갖 지원금은 다 챙긴단다

시로 이름 날리고
리스트로 명예 얻고
척척 굴러온 돈까지 챙긴다니
부럽기 짝이 없다

시가 시답잖으니
청탁은 일 년에 한번 올까 말까
사람 꼴값 못하니
그저 그런 맹탕 시인만 알고

견문도 요령도 없으니
공돈이라곤 땡전 한 푼 구경 못한,

나 같은 사람
누가 이름 안 적어주나
줄 좌악 그으며
막걸리 한잔 안 주나

솔직한 사람

새벽 댓바람부터
강아지 찾아 헤매다가
아랫집 형님네서
격려주 한잔했다
얼근해서 주민학습센터 3/4분기
한국화반 수강신청서를 적는데
직업란에서 덜컹 걸린다
1번부터 끝번까지
몇 차례 훑어봐도 맞는 게 없다
손바닥 텃밭에 개 몇 마리
농축산업이라 할 수도 없고
돈 안 되는 줄 세상이 아는지
시인 화가는 아예 없다
겨우 기타 란에 괄호가 처져 있길래
백수? 무직?
잠시 고민하다가
솔직하게 술꾼이라고
꾹꾹 눌러 적었다

내가 맵다

몰랐지
침묵이 너에게
후려치는 회초리였는지를
무심함이 너를
독 오른 뱀으로 만들었는지를

아니, 이미 알았지
무언이 더 큰 호통이라는 것
외면이 더 날 선 칼이라는 것
그러고도 남을 만큼
난 옹졸하고 고약하니까

하늘 쨍쨍한 오후
봄날 풀밭에 엎드려 캐낸
마른 풀더미를 태우며
나는 내가 맵네
쿨럭쿨럭 맵네

시금치 시론

밥도 안 되는
시를 왜 쓰느냐고 물으면
머리만 긁적였는데

며칠 전 흘리고 간 시금치로
시랍시고 몇 줄 그적거린 걸
아내는 몰래 훔쳐보았는지
이번엔 곱게 데쳐놓고 갔다

시 한 편으로
시금치나물을 얻다니
참한 그릇에 담아
두고두고 먹을 수 있다니

케이크 먹지 계란 먹나

1976년 송광사 삼일암
구산 큰스님 생신날

스님께서 포크로 케이크를 집어 들자
법흥 스님께서 한마디 한다
―스님, 스님, 케이크에 계란이 들었습니다
잠깐 미묘한 침묵이 흘렀다
―이 사람아, 내가 케이크 먹지 계란 먹나?
하시며 케이크를 입으로 가져갔다

얼마나 맛있었을까

가시

숯불 만드느라
가시 몇 개 박혔다
노릇노릇 황어에도
잔가시가 많았다

빤히 보이는
작은 가시 하나는
돋보기 바늘 끝으로도
그예 빼내지 못했다

알게 모르게
보이게 안 보이게
내 생에 박힌 가시들
얼마나 많을까

아픈 것은 말고
일테면 당신이라는 가시
황어 살 속 그것처럼

더 깊어지면 좋겠는데

농로에서

산수유 피었다기에
나선 길

낯선 농로에서
포클레인을 마주쳤다
그 뒤엔 경운기
덩치부터 밀리니
후진 기어를 넣었다

오른쪽은 논두렁
왼쪽은 깊은 수로
수십 년 운전 경력도
가다 서다 가다 서다
백여 미터 가서야
휴우, 옆으로 비켜섰다

누가 선물로
젊음을 다시 준다면

비록 아름답고 빛나는 시간
그리워는 하겠지만

절

구름에 들어 글이나 읊으렸는데
어쩌다 농부가 되었나

이른 봄부터
늦은 가을까지
땅 파고 거름 내고 이랑 돋우고
때맞춰 갖은 씨앗 뿌리고, 심고
따고, 걷고, 캐고, 훑고

하물며 마당 구석
어린 잡초 뽑을 때에도

허리 넙죽 구부리고
머리 조아린다,
기껍게, 정중하게

그러나 곰곰 생각해도
나는 공손한 사람은 아니다

노랗거나 말거나

 하나, 둘, 셋, 넷…… 신입생 코흘리개들이 줄을 맞춰 비뚤비뚤 체조를 한다 분홍 운동복 입은 처녀 선생님 호루라기 소리 따라 엉거주춤 고사리 춤을 춘다 담장 아래 젊은 엄마들은 제 새끼 틀리거나 말거나 까르르 까르르 연방 오두방정이다 저 부르는 호루라기인 줄 알고 날아온 비둘기 한 마리 멋쩍은 듯 맨땅 몇 번 쪼더니 다시 아파트 숲으로 돌아갔다 활짝 열린 교문을 성큼 들어선 봄바람 행여 흙먼지 일어날까, 양반걸음으로 운동장을 맴돌고 아까부터 실눈 치켜뜬 산수유, 바라보이는 풍경이 온통 노랗다 노랗거나 말거나 하나, 둘, 셋, 넷……

민들레에게

탈 난 발목 저으며 걷다가
언제 제대로 본새 있게
걸은 적 있었냐며 혼자 웃는데
너를 만났다

의연하게 살리라
머리 숙이는 겸손과
떳떳한 정직이면
당당하게 살 줄 알았다

그러나 민들레야
줄을 긋고 그 줄 따라
걷는다는 건 쉽지 않더라
비틀비틀 곁눈질해야 했다

반듯한 잎새
꼿꼿한 꽃대
바람을 견디는 네 앞에서

흔들흔들 또 부끄럽구나

성(聖) 시집

지하 서점 시집 코너는
할인 매대 옮겨내고서야
서가 맨 아래 칸에 있었다
시를 읽지 않는 시대
먼지 뒤집어쓴
시는, 시인들의 영혼은
세상이 높아질수록
그래서 자꾸 기울어질수록
시집으로 괴고 받쳐서라도
한사코 반듯하게 세우려고
아래로, 더 밑으로 내려간 걸까
독감에 치통 앓는 동안
한껏 겸손해진 사람, 그러나
아직도 위에 있었구나
뻣뻣한 허리 굽히고서야 얻은
시집 한 권

마른 꽃에 대한 명상

애인이 죽으면
꼭 이럴 것이다

사랑받기는커녕
마음조차 돌려받지 못하여
차마 눈감을 수 없는,
불우한 주검

새벽이면
막 당도한 **빳빳한** 청구서처럼
문 앞을 버티고 선
내 애인, 가엾은

배꼽

분수대에 놓인 배꼽 하나
하늘을 처다보고 있습니다
동그란 탯줄 자국
밥만 먹고 사느라 잊었습니다
하늘은 가마득하고
어머니는 너무 멀리 계십니다
한 모금, 딱 한 모금만
목마른 배꼽 하나
내 마음 한복판에도
빠끔히 놓여 있습니다

가위

북어찜을 자른다
가위는 익숙하게, 반듯하게
내 아이들 한 입 크기로 잘라낸다
—손으로는 할 수 없는 일이 있다
서로에게 마음을 보여주듯
가위는 한껏 가슴을 연다
가만히 보면, 오래된 부부처럼
사람 인(人)자 둘이 꼭 붙어있다
—혼자서는 할 수 없는 일이 있다
내 아버지가 시 쓰는 아들을 위해
신문에서 오려낸 현대시 100편,
다시 꺼내어 읽는다
—아, 같은 가위끼리라도
도저히 흉내 낼 수 없는 일이 있다

따귀

—어이, 이봐요

아무나 불러 세워놓고
다짜고짜
한방 올려붙이고 싶다

그리곤
눈물 콧물 쏙 빠지도록
한방 제대로 돌려받고 싶다

사람 노릇 하기엔
여전히 부족한가 보다,
딱 따귀 한 대만큼…

즐거운 질투

저 사실 질투 나요, 아버님
저랑 왕순이 둘 중
누굴 더 좋아하세요?

어미 개 새끼 낳았는데
뜬금없는 며늘아가 시샘에
허허, 웃고 말았다
그러나 뜨끔했다

살가운 말 한마디
따뜻한 눈길은커녕
짐승에게 쏟는 만큼조차
건넨 지 언제였나

아가야, 고맙다
좋아하게 해줘서
좋아할 수 있게 해줘서
싱글벙글 자꾸 웃게 해줘서

명령

장마 지난 풀덤불 보시매
드디어 낫을 들라 하신다
내 키만 한 망초대 쑥대 달맞이 꽃대 아래
바랭이 강아지풀 방동사니 쇠비름까지
참선하듯 머리 박고 낫질하는데
구슬땀 안쓰러운지
멀쩡한 나무 자루 툭 가르시더니
나무 그늘 평상에서 풋고추 된장 찍어
탁배기 한잔하라신다
다시 새로 벼린 낫 들고
핀 꽃 필 꽃 꽃향기 풀 향기
다 아깝고 아프지만
고구마밭 땅콩밭 덮칠 테니
질끈 눈 감고 베어내라신다
방아깨비 풀여치 달팽이 무당벌레 벗 삼아
손 놀리기 한참인데 따끔, 아차
오른손 목장갑을 깜빡했구나
싱긋 웃으시더니

햇살 쨍쨍이고 물집도 잡혔으니
이만 다음날로 미루라 하신다

새벽 편지
―어린 누이에게

누이야
어젠 어머니를 뵈었다
오빠들과, 너를 본 적 없는
네 밑 누이들과 함께 모였다
누이야
지난 오십여 년 그래 왔듯이
네 이야긴 하지 않았다
낙엽처럼 시든 어머니 에워싸고
허허거리며 술잔을 나눴다
누이야
서운해 하지 마라
허허거리다가 가끔 뜨끔거리면
아득한 현기증으로
먼 허공을 바라보았다
누이야
가을비 오시는 새벽
남은 먹물 한 줌 얻어
네 이름자를 자꾸 적어본다

너무 바래어 흐릿한 내 얼굴은
이젠 그리질 못하겠다

홍시

 죽은 진시황을 지키는 토용들이 있지 백골은 진토 되었으되 그 넋은 천년만년 살아있으므로 흙으로 빚은 병사들이 지금도 눈 부릅뜨고 지키고 있지

 음력 시월 안동 땅 선산을 갔더니 감나무들이 늘어서서 무덤을 지키고 있었지 멀리 사는 후손이 심어둔 감나무가 늠름하게 자라나 주렁주렁 등불 밝혀 선조의 넋을 대신 지키고 있었지

 한 소쿠리 담아온 감은 이제 머리맡에 나란히 놓여 있지 타향살이 찌든 후손을 천년만년 지켜보는 조상님 혼백처럼 지긋이 잘 익어가고 있지

해설

일상에서 길어 올린 말의 수런거림들

전규철(시인)

 이인수 시인은 2007년에 첫 시집을 냈다. 그의 두 번째 시집 해설을 맡아 내가 가장 먼저 한 일은 그가 살고 있는 곳을 방문해서 그가 가꾸는 밭의 작물, 가축, 꽃, 이웃들을 살펴보는 일이었다. 시의 언어는 생리적으로 체험이나 사물의 구체(具體)를 겨냥한다. 그의 시들은 그가 몸소 겪은 일과 사람을 근거로 이루어진 것들이어서 이 일에 대한 확인은 중요했다. 첫날에 나는 그에게 궁금했던 몇 가지 질문을 했고, 그의 대답을 들었다. 다음날 아침에는 스물여섯 마리의 새끼들을 낳은 그의 애견 왕순이와 함께 주변의 밭들을 둘러보면서 고구마를 캐고 있는 그의 이웃들로부터 그에 대한 얘기를 들었다. 모든 것이 맞아떨어졌다. 그의 얘기는 모두 사실이었고 그에 대한 이웃들의 믿음은 확고했다. 내가 보고 들은 것들을 근거로 말하건대, 이인수 시인의 시는 따로 놀지 않는다. 그러므로 그가 걸으면 시도 따라 걷고, 그가 밭으로 나가면 시도 함께 밭으로 나간다. 그와 더불어 꼬박 사흘을 먹고 자면서 그를 겪은 후, 나는 그의 시에 대해 말할 수 있게 되었다. 그의 시를 한마디로 말하자면 이렇다. 시와 사람이 따로 놀지 않는 시.

이인수 시인의 시에서 눈길을 사로잡는 것 중 하나는 그의 시집 전체를 통하여 두드러지는 일상성이다. 일상에 대한 탐구는 그것을 통하여 부조리한 현실에 대한 물음이 동반되거나 우리가 미처 발견하지 못한 아름다움이 발견되고 노래됨으로써 그 의미를 갖는다. 그의 시는 따로 해설이 필요치 않을 정도로 쉽게 읽힌다. 그의 시를 이루고 있는 말들은 현실로부터 동떨어진 것이 아니라 우리가 일상에서 흔히 접하는 입말(口語)이 대부분이기 때문이다. 그의 시는 언어의 미학적 토양이나 상상력의 토대가 아니라 그가 대면하는 현실의 실재 위에 집을 짓기 때문에 그가 시를 얻어오는 장소는 그가 일구는 밭과 그가 기르는 가축, 그의 가족과 이웃, 그가 현실에서 만나고 헤어지는 것들로부터다. 그의 시 「가위」를 보자.

　북어찜을 자른다
　가위는 익숙하게, 반듯하게
　내 아이들 한 입 크기로 잘라낸다

―손으로는 할 수 없는 일이 있다
서로에게 마음을 보여주듯
가위는 한껏 가슴을 연다
가만히 보면, 오래된 부부처럼
사람 인(人)자 둘이 꼭 붙어있다
―혼자서는 할 수 없는 일이 있다
내 아버지가 시 쓰는 아들을 위해
신문에서 오려낸 현대시 100편,
다시 꺼내어 읽는다
―아, 같은 가위끼리라도
도저히 흉내 낼 수 없는 일이 있다

―「가위」 전문

경험, 그 자체는 시가 아니며 철학이나 종교적 성찰 역시 그 자체로는 시라고 말하기 힘들다. 시인은 그가 겪은 일상의 경험을 서술하듯 차례차례 늘어놓는 것이 아니라 그 경험에 어떤 '형식을 부여함'으로써 그 경험의 진정한 주체가 되기 때문에 시는 평범한 일상의 언어들이 '특별해지는' 순간에 대한 포착이거나 묘사라고 말할 수 있다. 그의 시들은 특별한 대상에 대한 특별한 시어의 조합이 아니라 일상에서 늘 보아오던 대상이 삶의 어느 순간 특별한 정서로 다가온 일들에 대해 쓴 것들이

뼈대를 이루고 있기 때문에 그는 일상에서 느끼는 인간에 대한 연민이나 그 자신에 대한 반성의 결과로 겪는 부끄러움을 애써 치장하지 않는다. 그의 시가 어떤 '울림'을 일으키는 것은 바로 그 때문이다. X 모양으로 벌어진 가위에서 서로 맞닿은 사람 인(人)을 발견해내고, 그것들의 닮음과 다름을 진술한 이 소박한 시에 무슨 해설이 따로 필요한가. 단순, 소박하되 울림이 있기 때문에 그의 시는 독자를 끌어들이는 힘을 가지는 것이다.

사랑을 가장 잘 표현하려면 '사랑'이라는 단어를 사용하지 않고 독자들로 하여금 그것을 느끼게 하는 것이라고 한다. '사랑'이라는 단어는 사랑 그 자체가 아니라 그것을 지시하는 기호에 지나지 않기 때문에 사랑에 '사랑'이라는 단어를 남발하게 된다면 결국 남는 것은 사랑이 아니라 껍데기뿐인 기호에 지나지 않는다. 시는 설명보다는 오히려 그것을 생략함으로써 독자를 끌어들이는 언술 형식이다. 개인의 취향의 따라 다를 수는 있지만, 일반적으로 '좋은 시'라고 부르는 시들에는 몇 가지 공통점이 있다. 1) 울림(감동) 2) 상상력을 자극하는 재미 3) 언어의 아름다움 같은 것들이 그러한데, 그의 시들은 독자의 상상력을 자극하는 언어의 발랄함이나 미학적 측면보다는 언어가 전달하는 울림에 무게를 두려는 경향이 뚜렷하다. 이러한 사실로 미루어 그는 자신의 장단점을 잘 알고 있는 것으로 보인다. 단점을 가리는 방법에는 단점을 없애는 방법만 있는 것이 아니다. 장점을 극대화시켜 단점을 가리는 방법도 있다. 셋 모두 가지려다 모두를 잃느니 그중 하나만 제대로 갖추어도 훌륭한 일 아닌가.

  이인수 시인의 시에서 두드러지는 또 다른 하나는 자기반성 혹은 풍자성이다. 그것은 때로 그가 속한 현실사회, 혹은 그 자신에 대한 반동으로 종종 나타난다. 그의 시에서 드러나는 풍자는 복잡하지 않으며, 시가 전달하려는 메시지는 선명하고 효과적으로 부각된다. 이러한 특징들은 「도둑」, 「동물의 세계」와 같은 시들로부터 어렵지 않게 찾아볼 수 있다.

  도둑이 들었다
  가짜 CCTV와 맹견을 뚫고
  우물가 스텐다라이 두 개가 사라졌다
  마침 아랫집 쇠파이프도 없어져
  소문대로 차 가진 고물상 짓이겠거니
  막걸릿잔만 축내고 잊어버렸다

  주말에 내려온 아픈 아내
  이리저리 소처럼 부리는데

여보, 여기 있네요
계분 담긴 스텐다라이
거죽 덮인 채 멀쩡히 웃고 있다

치매가 왔나 봐
계면쩍은 맞웃음 지었지만
이미 안주로 씹힌 그 몹쓸 놈,
도적질로 살아온
바로 나였다

—「도둑」 전문

1

주문이 들어오면 잡아다 골만 파서 먹는데 주인이 우리 안에 들어오면 원숭이들은 도망 다니기에 바쁘다 우스운 것은 주인이 원숭이 한 마리를 잡으면 도망 다니던 원숭이들이 몰려와 잡힌 원숭이의 등을 떠민다는 점이다

2

아프리카 세렝게티 평원, 굶주린 표범이 애써 잡은 사슴을 피 냄새 맡고 다가온 하이에나가 가로챈다 덩치와 힘에서 밀린 표범이 속절없이 물러가자 제 것인 양 물고

유유히 사라진다
　　　　　　　—「동물의 세계」부분

　이인수 시인은 시를 어렵게 쓰지 않는다. 그가 사용하는 시어들은 대개 텃말과 일상어이므로 위의 시를 대하는 독자는 별다른 어려움 없이 그가 전달하려는 메시지에 닿을 수 있을 것이다. 그의 시 두 편에는 서로 다른 모습을 한 도둑이 나타난다. 인간 세계에서 아집과 예단에 빠져 죄 없는 타인을 도둑으로 모는 그 자신을 풍자한 도둑과 동물 세계의 먹이 다툼에서 일어나는 일을 빌어 현 사회의 패거리 문화를 풍자하는 도둑이 그것인데, 이 둘은 반성을 아는 도둑과 반성을 모르는 도둑이라는 점에서 서로 다르므로 동음이의(同音異義)를 이루지만, 현실의 세태를 바라보는 화자의 의식 속에서 시적 동체(同體)를 이루고 있어서 그의 메시지 전달은 독자에게 깊은 여운을 남긴다. 남이 도둑인 줄 알았더니 알고 보니 내가 도둑이더라, 는 화자의 진술은 세상을 향한 그의 외침이기보다 세상의 비열한 무리와 다름없는 자신에 대한 통렬한 반성과 풍자에 더 가깝다. 그의 시적 진정성이 확보되는 곳이 바로 여기다. 시에서 드러나는 도덕적 정결성이 시인 그 자체의 도덕적 정결을 과연 어디까지 담보할 수 있는가의 문제는 차치하고라도 스스로를 풍자하지 못하는 시인이 어떻게 사회를 풍자할 수 있을 것인가. 거기에 시인이 지켜야할 최소한의 도덕성이 있는 것이다. 이러한 그의 면모는 「뿔」에서 보다 선명하게 드러난다.

뿔 하나 갖고 싶다
코뿔소나 코끼리의 것이면 좋겠으나
개뿔이라도 괜찮겠다

나의 오기
나의 편견
나의 허욕

(중략)

딥다 받고 싶다
멀리 날려버리고 싶다

겨우 몇 개 남는 것과
가족과 이웃이 도란도란
걸터앉을 수 있게
물렁물렁한,

나에겐 끝내 단호한

그런 뿔 하나

—「뿔」부분

　이인수 시인은 자기 인식의 출발점을 타자(他者)와의 관계에서 찾는다. 그는 타자에 대한 상대로서 자신을 인식하기 때문에 반성 또한 이타적이지 못한 자신의 모습에서부터 시작한다는 사실은 조금도 이상하지 않다. 그래서 "딥다 받고 싶다/멀리 날려버리고 싶다"로 표현되는 그의 저돌성은 그의 외부로 향하는 성질의 것이 아니라 그의 내부로 향하는 성질의 것이다. 여기서 우리는 그의 윤리적 면모를 엿볼 수 있는데, "나에겐 끝내 단호한/그런 뿔 하나"에서 보는 바와 같이 그가 행하려는 가해의 결과가 그 자신에게로 되돌려지는, 그의 자학적 경향은 현실의 유혹에 못 이겨 적당히 타협하며 살아가는 자신에 대한 반동으로 파악된다. 따라서 "가족과 이웃이 도란도란/걸터앉을 수 있게/물렁물렁한, 뿔"에서 보이는 뿔은 그가 추구하는 도덕적 정체성과 동일선상에 놓여있다. 의심할 바 없이 그것은 그가 지닌 종교적 배경에서 비롯한 것이며 이러한 그의 종교적 배경과 도덕성의 관계를 살펴봄으로써 우리는 그의 시 세계를 보다 자

세히 들여다볼 수 있을 것이다.

시에서 잠언과 계몽의 말이 자주 언급된다는 것은, 그 시에 시가 결핍되어 있다는 자백이나 다름없다. 이타적 행동의 강령이나 윤리적 지침에 얽매이는 순간부터 시는 경직된다. 문학을 한다는 일이 윤리적인 인간이나 모범적인 시민이 되는 일에 대한 억압이 되어서는 곤란하다는 말은, 문학이 비윤리적이어도 좋다는 뜻이 아니라 문학이 지향하는 바가 철학이나 종교가 지향하는 바와 다른 곳에서 출발되어야 한다는 뜻이다. 그런 시 한 편을 들여다보자.

> 어떻게 된 걸까
> 늘 두 손으로 밑 부분 받치고
> 얼굴을 앞으로 향하게 했는데
> 오늘은 틀어져 버렸다
> 삐딱선 탈 일 없는데
> 먼저 몸통을 돌려놓고
> 살그머니 안아야 했는데
> 오늘은 내 쪽으로 했다
> 낮술 한 것도 아닌데
> 만나자마자 빙그레 웃는
> 사랑스러운 그 모습에 반해

어두운 지하실 빈방에서
반백인 갑남(甲男)과
처녀인 을녀(乙女)가 되어
꼭 껴안아 버린 것이다
어떻게 할까
망설이는 그 찰나
와락 가슴이 따뜻해지고
마음마저 포근해져 버린 것이다
세상에나, 민망스럽게도
사랑하는 어머니
원죄 없으신 성모 마리아를
꼭 껴안아 버린 것이다
　　　　　—「꼭 껴안아버린 것이다」 전문

　사람에 따라 다르겠지만, 그의 시를 읽으면서 옳거니! 싶었던 시가 「꼭 껴안아버린 것이다」다. 있는 그대로 말하자면, 그는 매혹적인 문장력을 지녔다거나 독자의 상상력을 자극하는 시를 쓰는 시인은 아니다. 그럼에도 불구하고 그가 좋은 시인이란 것은 그가 사물과 사건을 나란히 놓고 그것들을 풀어나가는 과정에서 반전과 해학을 즐길 줄 안다는 점에 있다. 일상에서 겪은 하나의 사건으로부터 성모 마리아를 을녀(乙女)로, 반백의 그 자신을 갑남(甲男)으로 등장시켜 어쩌면 발칙하다고까지 말할 수 있을 짓을 서슴지 않는 그의 능청스러움을 보라. 저기 어디에 욕념이 있으며 그 자신의 도덕성을 빙자하여 독자의 자유를 가로막는 억압이 있는가. 마음이 경직되고 영혼이 자유롭지 못한 자는 결코 능치지 못한다. 그는 시를 억압하지 않고, 독자를 억압하지 않으며, 무엇보다 그 자신을 억압하지 않음으로써 그가 가진 인간애를 드러낸다.

일찍이 김현은 그의 저서에서 다음과 같은 의견을 피력한 바 있다. "모든 유용한 것은 그 유용성 때문에 인간을 억압한다. 그러나 문학은 무용하므로 인간을 억압하지 않는다. 그 대신 문학은 억압에 대해 생각하게 만든다."(김현, 『한국문학의 위상』, 문학과지성사, 1996) 능친다는 것은 분명 종교가 지향하는 바와도 다르고 철학이 지향하는 그것과도 다르다. 능은 인간의 자유 정신을 억압하는 것들에 얽매이지 않고 오히려 그것들을 풀어놓는다. 그것은 자유에의 이행이다. 시를 통해 자유를 누리는 일은 윤리적 인습이나 종교적 이념을 맹목적으로 좇거나 그것들에 굴종하지 않기에 오히려 그것들의 현재적 의의를 되짚어보는 여유를 확보할 수 있는 것이다.

이인수 시인의 시 세계 중심에는 도덕성과 연결된 휴

머니티가 있으며 그의 휴머니티를 둘러싸고 있는 것은 그의 종교적 배경이다. 살아있다는 말은 자극에 반응할 줄 안다는 말과 다르지 않다. 잔잔한 수면에 돌을 던졌을 때 수면에 파문이 이는 것은 돌이 수면을 자극했기 때문이기도 하지만, 무엇보다 돌이 던져졌을 때 수면이 그 자극에 대해 반응할 수 있는 가능태로 존재하기 때문인 까닭에서다. 그처럼 이인수 시인의 내면은 그를 자극하는 것의 성질에 따라 그에 상응하는 파장과 파고를 가진 동심원을 일으킨다. 그것들의 진동은 비록 낮고 느리지만 서로가 서로를 밀고 끌어당기며 기어이 어떤 기슭에 가닿는다.

>
> 따로 묶인
> 어미 개가 새끼를
> 새끼가 어미를
> 서로 핥아준다
>
> 그뿐,
> 그것뿐인데
> 하늘과 땅이 고요하다
>
> ―「혀」 전문

시가 짧다고 해서 그것이 주는 울림이 작은 것은 아니다. 그는 그가 본 것을 느낌 그대로 적을 때가 있는데 「혀」가 그런 경우다. 일상의 어느 순간에 목격되었을, 어미와 새끼 개가 서로 핥아주는 모습이 문득 마음을 건드리는 순간 그의 내면에서 어떤 울림이 일어났을 것이다. 이것은 사람의 귀가 들을 수 없는 영역의 것—침묵의 소리이므로 그의 혀는 소리 내어 그것을 설명하지 못한다. 어쩔 것인가. 도리없이 그는 그것을 그저 옮겨 적을 뿐이다. 혀에 관련한 그의 시 한 편을 더 읽어보기로 하자.

24시간 하는
구운동 삼천 원짜리 순댓국집
환경미화원 넷이서
늦은 아침을 먹는다

새벽부터 낸 길 따라
사람들 모두 떠나보낸 자리
빛 잃은 형광 재킷 넷이서
묵묵히 국밥을 먹는다

주인 여자 내민 소주 한 병에
푹 삶긴 돼지내장같이

푹 늙은 아버지 넷이서
환하게 얼굴을 펼 때

소란한 창밖
눈부시게 깔린 햇살을
잘근잘근 말아먹는 신록들,
된통 뜨겁다
—「국밥」전문

  시인은 일상의 경험이라는 우물로부터 시상(詩想)을 길어오되 그는 그가 길어온 것을 한 가지 용도로만 사용하지 않는다. 똑같은 우물의 물이라도 어떨 땐 마시고, 어떨 땐 그릇을 씻으며, 어떨 땐 빨래를 한다. 시인은 남들이 보는 것을 같이 보지만 그것을 다르게 볼 줄 아는 사람이다. 누구나 국밥을 먹는 환경미화원을 볼 수는 있다. 그러나 아무나 그것을 시로 쓸 수 있는 것은 아니다. 그의 시「국밥」은 외견상 우리의 아버지인 환경미화원들의 노동을 통하여 산다는 일의 뜨거움을 노래한듯 싶지만, 읽기에 따라서 그 바닥에 깔려있는 짙은 슬픔을 느낄 수도 있다. 하나의 시가 모든 사람에게 똑같은 모습으로 읽히는 것은 바람직하지 않다. 시는 읽는 사람의 정서와 연대하여 각자에게 서로 다른 모습으로 읽히는 것이 바람직하다. '본다'라는 동사는 목적어를 필요로 하는 동사이지만 '무엇'을 이라는 목적어를 정하지 않은 '본다'는 대상을 보는 시선의 끝이 어디에 가닿을지를 특정하지 않는다. 그것은 목적지를 따로 정하지 않은 소요(逍遙)이고, 자유이며, '본다'는 행위 그 자체가 '본다'의 목적일 때와 닿아 있다. 적어도 이인수 시인에게 있어 시는 무엇을 어떻게 써야겠다고 생각해서 쓰는 것이 아니라 그가 대상으로부터 받은 느낌에 따라 시가 써지기 때문에 쓰는 성질의 것이고, 거기에 목적을 부여하는 권리는 오롯이 독자의 몫으로 남겨두었기 때문에 그의 시는 독자를 억압하지 않는다. 그러므로 이 시를 가장 바람직하게 읽는 법은 독자들이 읽고 싶은 대로 읽는 것이다. 환경미화원이 독자 자신인 듯 뜨거운 국밥을 후후 불어가며 먹듯 읽어도 되고 독자가 시인이 된 듯 "잘근잘근 말아먹는 신록들/된통 뜨겁다"처럼 읽어도 무방한 일이겠다. 어떻게 읽어도 국밥 한 그릇 먹은 듯 속이 환하고 개운해진다면 그것으로 족하다.

이인수 시인은 특별한 말을 사용해서 시를 특별하게 만드는 것이 아니라 일상의 말들이 특별해지는 순간을 포착해냄으로써 그의 시를 평범하지 않게 만든다. 그의 두 번째 시집에 실린 시들은 그가 맞닥뜨리는 현실 상황의 적절한 배치와 그것들이 환기하는 정서에 그의 시적 상상력을 개입시키고 대상으로부터의 자극에 활달하게 반응하는 역동성에 있다. 시와 자신을 바라보는 그의 시선은 자신으로부터 대상으로, 혹은 대상으로부터 자신에게로 방사되거나 수렴된다. 이러한 과정의 반복을 통하여 시인은 스스로의 도덕성을 되돌아보고 타자 혹은 대상과 자신과의 거리를 좁히려는 노력을 멈추지 않는데, 우리가 느끼는 그의 시의 활달함이나 따뜻함은 여기에서 비롯한다. 이러한 것들에 대해 그는 독자에게 동조를 종용하지 않으며 그것을 위하여 그 자신을 미화시키지도 않는다. 그의 목소리가 늦저녁의 물소리처럼 차분히 가라앉을 때가 바로 그때다. 그때 들려주는 그의 노래는 처마 끝에서 울리는 풍경 소리처럼 고즈넉하고 닿는 울림은 큰데, 밭일을 마치고 돌아오는 그의 모습은 더없이 소박한 아름다움으로 빛난다. 나무는 오랜 풍상을 거칠수록 그 중심의 목질이 단단하다. 내가 읽은 이인수 시인의 시가 바로 그렇다. 그의 시 「벌레, 시를 읽다」를 함께 읽어보는 것으로 이 글의 끝을 여민다.

    고요한 새벽
    펼친 시집 위로
    날벌레 한 마리 기어왔다

비척비척 온몸으로
어느 구절 성큼 지나치고
어느 구절 곰곰 머물더니,

마침내
절명구를 골랐는지
꼼짝 않고 멈췄다

시를 읽다가 죽을 수 있다니!
오, 하느님

—「벌레, 시를 읽다」 전문

시인의 말

가을이다. 하늘이 높아졌고 땅이 넓어졌다. 밤새 바람이 불었고, 마당엔 떨어진 솔잎들이 수북하다. 그것들을 그러모아 날리지 않게 쌓아 놓았다. 무슨 말이 더 필요하랴.

이 시집을 사랑하는 가족과 시창(詩窓)에게 바친다.

> 2017년 늦가을
> 이인수

국밥

2017년 11월 13일 초판 1쇄 찍음
2017년 11월 17일 초판 1쇄 펴냄

지은이 _ 이인수
펴낸이 _ 양문규
펴낸곳 _ 詩와에세이

신고번호 _ 제2017-000025호
주   소 _ (30018)세종특별자치시 조치원읍 돌마루5길 2, 104호
대표전화 _ (044)863-7652, 070-8877-7653
팩시밀리 _ 0505-116-7653
휴대전화 _ 010-5355-7565
전자우편 _ sie2005@naver.com
공 급 처 _ 한국출판협동조합
주문전화 _ (02)716-5616
팩시밀리 _ (031)944-8234~6

ⓒ이인수, 2017
ISBN 979-11-86111-40-6 (03810)

* 지은이와 협의하여 인지는 생략합니다.
* 이 책 내용의 전부 또는 일부를 재사용하려면 반드시 지은이와
  詩와에세이 양측의 동의를 받아야 합니다.
* 책값은 뒤표지에 표시되어 있습니다.

이 도서의 국립중앙도서관 출판예정도서목록(CIP)은 서지정보유통지원시스템 홈페이지(http://seoji.nl.go.kr)와 국가자료공동목록시스템(http://www.nl.go.kr/kolisnet)에서 이용하실 수 있습니다.(CIP제어번호: CIP2017029483)